Geschenke aus der Küche

compact via

Abkürzungen

EL	Esslöffel	TK	Tiefkühl...
TL	Teelöffel	Bd.	Bund
kg	Kilogramm	Msp.	Messerspitze
g	Gramm	kcal	Kilokalorien
mg	Milligramm	kJ	Kilojoule
l	Liter	EW	Eiweiß
ml	Milliliter	F	Fett
cl	Zentiliter	KH	Kohlenhydrate
gestr.	gestrichen	1 kJ = 0,239 kcal	
geh.	gehäuft	1 kcal = 4,184 kJ	

Impressum

compact via ist ein Imprint der Compact Verlag GmbH

Baierbrunner Straße 27, 81379 München
Ausgabe 2015

Einleitungstext: Heike Kügler-Anger
Chefredaktion: Dr. Matthias Feldbaum
Redaktion: Isabel Martins
Produktion: Ute Hausleiter
Abbildungen: siehe Bildnachweis S. 80
Titelabbildung: StockFood
Gestaltung: h3a GmbH, München
Umschlaggestaltung: red.sign GbR, Stuttgart

ISBN 978-3-8174-9831-4
381749831/1

www.compactverlag.de

Inhaltsverzeichnis

4

Feine Geschenke mit Geschmack und Genuss

Kleine Geschenke erhalten die Freundschaft, so sagt der Volksmund. Richtig gute Präsente sind solche, die von Herzen kommen, die mit Liebe und Sorgfalt zusammengestellt und mit den eigenen Händen zubereitet werden. Um den Ort zu finden, der wie geschaffen dazu ist, genau solche Geschenke hervorzubringen, muss man nicht lange suchen – dieser Ort ist die eigene Küche. Die feinen Köstlichkeiten sagen nämlich schöner als Worte: Ich mag dich!

Gut geplant ist gut geschenkt

Auch bei diesen Geschenken lohnt es sich, das Motto „Gut geplant ist gut geschenkt“ zu beachten. Denn nicht jedes Geschenk macht jedem Beschenkten automatisch Freude. Freunde von würzigem Käse werden Käsestangen oder Käsetaler lieben. Wer Käse jedoch im wahrsten Sinn des Wortes nicht riechen kann, dem wird man z. B. mit einem delikaten Chutney eher gerecht. Einen guten Grund, jemanden mit feinen Schokoladenkreationen zu verwöhnen, gibt es eigentlich immer – es sei denn, der oder die Beschenkte gibt sich gerade Mühe, ein paar lästige Pfunde loszuwerden.

Außerdem gilt es, die stetig anwachsende Zahl an vegetarisch lebenden Menschen zu berücksichtigen. Ihnen wird man mit kleinen Köstlichkeiten aus Gemüse, fruchtigem Kompott oder eingelegtem Tofu eine Freude bereiten. Des Weiteren gilt es, im Voraus abzuklären, ob die oder der zu Beschenkende an einer Allergie oder Nahrungsmittelunverträglichkeit leidet. Es wäre schade, wenn die Florentiner mit Walnuss aufgrund einer Walnussallergie nicht genossen werden könnten.

Andersherum erweist es sich als sehr lohnenswert, besondere Vorlieben in das kulinarische Geschenk einzuarbeiten. Naschkatzen mit einer Passion für süße Früchte kann man mit Quittengelee oder mit Johannisbeersirup glücklich machen. Schleckermäuler, deren Gaumen sich eher an Herzhaftem laben, lassen sich mit Pesto verwöhnen.

Um Pleiten und Pannen beim Schenken zu vermeiden, sollten also folgende Fragen im Voraus geklärt werden:

- Gibt es besondere Vorlieben? Und wenn ja: Welche Zutaten kann man verwenden, um dem Beschenkten eine besondere Freude zu bereiten?
- Sind Allergien oder Unverträglichkeiten zu berücksichtigen?
- Sind besondere diätetische Einschränkungen zu beachten?
- Passt das Geschenk zum Lebensstil?
- Gegen welche Zutaten bestehen Abneigungen? Gibt es Möglichkeiten, diese im ausgewählten Geschenk-Rezept zu ersetzen?

Cleveres Zeitmanagement

In der Küche kann sich blinder Aktionismus mitunter als wenig hilfreich erweisen. Mit der bloßen Idee, ein wunderschönes Geschenk zu kreieren, ist es nämlich leider nicht getan. Spätestens beim Umsetzen des Vorhabens stellt sich dann oft heraus, dass die eine oder andere Zutat oder ein notwendiges Küchengerät fehlt. Besser ist es also, im Voraus zu planen. Der erste Schritt eines cleveren Zeitmanagements in der Geschenkeküche besteht darin, das ausgewählte Rezept in Ruhe von Anfang bis Ende durchzulesen, um festzustellen, welche Zutaten besorgt werden müssen und welches Arbeitsmaterial benötigt wird. Als Zweites gilt es zu überprüfen, ob genug Gläser, Flaschen oder andere geeignete Gefäße zum Befüllen vorhanden sind und ob das gewünschte Verpackungsmaterial im Haus ist.

Zu Arbeitsbeginn bewährt sich ein Tipp von Küchenprofis: Stellen Sie alle Zutaten auf einem Tablett zusammen und halten Sie die notwendigen Geräte wie Waage, Messbecher etc. auf der freigeräumten Arbeitsfläche bereit. Folgen Sie den Rezeptanweisungen Schritt für Schritt, um zum gewünschten Ergebnis zu kommen. Planen Sie für die Zubereitung wie auch für das anschließende Verpacken genügend Zeit ein. Lassen Sie sich nicht ablenken oder hetzen. Schließlich sollen die feinen Geschenke aus der Küche nicht nur den Beschenkten Freude machen, sondern auch Ihnen selbst!

Bedenken Sie auch, dass manche der hausgemachten Köstlichkeiten eine gewisse Zeit benötigen, um „verschenkfertig" zu sein. Heiß zubereitete Leckereien wie Konfitüren, Gelees oder Chutneys sollten abgekühlt sein, bevor man sich an das Verpacken und Verzieren macht. Bei süßen und herzhaften Kleinigkeiten aus dem Backofen empfiehlt es sich, das Gebäck nicht direkt vom Backblech in die gewählte Verpackung zu geben. Besser ist es, das Backwerk im erkalteten Zustand in Tüten oder Keksdosen zu schichten. Um zu verhindern, dass mit Schokolade umhülltes Konfekt am Verpackungsmaterial kleben bleibt oder unschöne Flecken verursacht, sollte man darauf achten, dass die Schokolade beim Verpacken komplett abgekühlt und „trocken" ist.

Einige Mitbringsel aus der Küche benötigen noch länger, um ihr volles Geschmackspotenzial zu entfalten; sie sollten oft bis zu mehreren Wochen ziehen.

Das Richtige zur rechten Zeit schenken

Am einfachsten ist es, die Geschenke nach den verschiedenen Festen und jahreszeitlichen Gebräuchen auszurichten. Zu Weihnachten stehen selbst gebackene Leckereien auf der Geschenkhitliste ganz oben. Zu Ostern erfreut man sich traditionell am ersten frischen Grün, sodass z. B. Pesto mit frischen Kräutern eine gute Wahl ist. Im Sommer, wenn frisches Obst und Gemüse in Hülle und Fülle zur Verfügung stehen, ist es an der Zeit, Gelees, Konfitüren und Kompott zu kochen, Saft oder Sirup anzusetzen und Gemüse einzulegen. Im Herbst, wenn die Tage kürzer werden, sind dagegen wieder herzhafte, reichhaltigere Zubereitungen, beispielsweise aus Zwiebeln und Fleisch, gefragt.

Sich am saisonalen Angebot zu orientieren heißt, das zu verarbeiten, was gerade reif, erntefrisch auf dem Markt und qualitativ hochwertig ist – genau damit liegt man bei den feinen Geschenken aus der Küche immer richtig. Denn nur beste, frische und mit Sorgfalt ausgewählte Zutaten ergeben die leckersten Geschenke.

Zum Geburtstag wünscht man traditionell viel Glück. Richtig glücklich kann man Geburtstagskinder jeden Alters machen, wenn man nicht nur Blumen, sondern ein speziell an den Vorlieben der betreffenden Person ausgerichtetes Geschenk überreicht. Geschickt in den Lieblingsfarben verpackt und mit hübschen Accessoires verziert, die gut zum Beschenkten passen, bleiben die Konfitüre aus den Lieblingsfrüchten, die Kekse mit den Lieblingsgewürzen oder der ganz persönliche Geburtstagsdrink unvergesslich und als unwiderstehlich in Erinnerung.

Feine Geschenke

Über hübsch verpackte kulinarische Mitbringsel freut man sich natürlich nicht nur an Geburtstagen, sondern auch bei einer Einladung zum Kaffeekränzchen oder zum Essen. Hausgemachte Kekse in kunstvoll bemalten Schachteln bereichern auch optisch jede Kaffeetafel. Eingelegte Käse- oder Fischspezialitäten können als Vorspeisen das Menü des Gastgebers erweitern. Edle Tropfen mit oder ohne Alkohol, in hübsche kleine Flaschen oder in formschöne Karaffen abgefüllt, sagen „Dankeschön" für das Blumengießen während des Urlaubs oder für das Räumen des schneebedeckten Gehwegs. Feine kulinarische Mitbringsel aus der Küche eignen sich für mindestens tausendundeine Geschenkgelegenheit!

Sicher, sauber und schmackhaft

Die köstlichen Geschenke sollen sowohl beim Überreichen als auch beim späteren Verzehr Freude bereiten. Damit nichts bereits beim Transport zu Bruch geht, ist zunächst auf die Auswahl stabiler und fest verschließbarer Gefäße zu achten. Diese müssen vor dem Befüllen unbedingt gründlich gereinigt, teilweise keimfrei gemacht werden. Penible Sauberkeit und Hygiene bei der Zubereitung sind die beste Gewähr dafür, dass schädliche Keime, die das liebevoll Selbstgemachte vorzeitig zum Verderben bringen könnten, keine Chance haben.

Wenn beim Einfüllen und Einmachen ein paar einfache Regeln beachtet werden, wird später nichts die Freude oder den Geschmack trüben:

Auswahl der Gläser und Flaschen

Alle Gläser und Flaschen sowie deren Verschlüsse müssen unbeschädigt sein. Auch die Ränder der Gefäße müssen intakt sein und dürfen keine Absplitterungen aufweisen. Wird heißes Kochgut eingefüllt, müssen die Gläser hitzebeständig sein. Besonders geeignet sind Schraubgläser mit Twist-off-Deckel und Einmachgläser. Auch Flaschen sollten sicher und fest durch einen Schraub- oder Bügelverschluss oder einen Korken zu verschließen sein.

Säubern von Gläsern und Flaschen

Alle Gefäße sowie die Verschlussdeckel müssen vor dem Befüllen gründlich mit heißem Wasser und etwas Spülmittel gereinigt werden. Im Anschluss daran die Gläser kurz mit klarem, heißem Wasser nachspülen und mit der Öffnung nach unten auf einem frischen Geschirrtuch abtropfen lassen. Dieses Verfahren reicht in der Regel aus, wenn kochend heißes Eingemachtes in Gläser gefüllt wird.

Wird das Eingemachte nicht bei Kochtemperatur in Gläser gefüllt, müssen die Gläser durch Sterilisieren keimfrei gemacht werden. Dazu Gläser und Deckel in einen großen Topf mit Wasser geben, das mit einem Schuss Essig versehen wurde. Das Wasser aufkochen und die Gläser darin 5–10 Minuten belassen. Gläser und Deckel bis zum Befüllen im Wasser lassen. Oder man gibt Gläser und Deckel bei 150 Grad für 20 Minuten in den Backofen. Beim Herausnehmen der Gläser z. B. eine Küchenzange verwenden, um Verbrennungen zu vermeiden.

Befüllen von Gläsern und Flaschen

Auch hier ist Sauberkeit das A und O. Ein Einfülltrichter verhindert, dass das Kochgut den Rand und die äußeren Gefäßwände verschmutzt. Falls doch einmal etwas danebengelaufen sein sollte, ist dieses sofort mit Küchenpapier abzuwischen. Den Rand vor dem Aufsetzen des Deckels ebenfalls kurz säubern, danach fest mit dem Deckel verschließen.

Gläser und Flaschen sollten nicht randvoll, sondern nur bis höchstens 1 cm unter den Rand befüllt werden. Pesto oder in Öl Eingelegtes müssen für eine lange Haltbarkeit immer mit Öl bedeckt sein. Auch in Kräuter- oder Essigsud Eingelegtes sollte immer mit einer Schicht Sud abschließen.

Beschriften von Gläsern und Flaschen

Es empfiehlt sich, Gläser und Flaschen sofort nach dem Befüllen mit dem Inhalt und dem Herstellungsdatum zu beschriften. Ein hübsch gestaltetes Etikett, das entweder direkt auf dem Glas oder Deckel klebt oder an einem hübschen Bändchen befestigt wird, ist ein schmückendes wie wertvolles Detail des Geschenks.

Die Lagerung

Selbst Eingemachtes sollte auch nach dem Schenken an einem trockenen, kühlen und nicht zu hellen Ort aufbewahrt werden. Das gilt auch für Pralinen, Kekse & Co. Sie sollten natürlich auch luftdicht verpackt sein.

Einmal geöffnete Gläser sollten im Kühlschrank aufbewahrt und möglichst rasch verbraucht werden. In Öl und Essig Eingelegtes hält sich relativ lange, sofern es immer mit einer Schicht Öl oder Essig bedeckt bleibt. Damit Feines aus der Küche möglichst lange schmackhaft und genießbar bleibt, sollten die einzelnen Portionen immer nur mit einem sauberen Löffel entnommen werden.

Sollte sich trotz aller Vorsicht doch einmal Schimmel auf der Oberfläche des Eingemachten bilden, etwas verdorben riechen oder eine unschöne Verfärbung aufweisen, dann heißt es: Vorsicht ist besser als Nachsicht! In diesem Fall muss das Verdorbene umgehend entsorgt werden.

Der richtige Schmuck

Gelungene Geschenke aus der Küche sollen nicht nur dem Gaumen, sondern natürlich auch den Augen schmeicheln. Deshalb sind neben Kreativität am Herd Fantasie und Ideenreichtum bei der Verpackung gefragt. Erst die passende hübsche Umhüllung rückt das Geschenk ins rechte Licht! Aber wie verpackt man was und welche Materialien lassen sich dazu am besten verwenden?

Kekse, Cookies oder herzhaftes Kleingebäck kann man nach dem Abkühlen in kleine, selbst gebastelte Tüten stecken, die farblich mit dem Inhalt harmonieren. Eine schöne Schleife oder eine bunte Holzwäscheklammer verhindern, dass die Kekse aus der Tüte rutschen. Bruchsicherer verpackt sind Kekse und Cookies, aber auch Konfekt und herzhafte Knabbereien, wenn sie in stabilen Keksdosen verpackt werden. Diese können aus Metall, Pappe oder Holz sein und bemalt, mit Motiven der Saison oder mit Serviettentechnik beklebt und mit hübschen Kleinigkeiten wie Knöpfen, Muscheln, Perlen oder getrockneten Blüten verziert sein. Eine mit raffinierten Verzierungen aufgepeppte Konservendose mit einem selbst gebastelten Deckel erfüllt den gleichen Zweck.

Damit liebevoll geformte Pralinen und rundes Konfekt beim Transport und Überreichen nicht umherkullern und beschädigt werden, setzt man sie am besten in kleine Papierförmchen. Diese kann man dann nebeneinander in schön gestaltete Schachteln oder hübsche Metallboxen geben. Oder man füllt die Pralinen samt Förmchen vorsichtig in kleine Zellophantütchen, die man mit einer kleinen bunten Schleife verschließt.

Konfitüren und Gewürzmischungen sowie Eingemachtes in Gläsern erhalten durch bunte Bänder oder kunstvoll geflochtene Schnüre, Schleifen aus bunten Stoffresten sowie ein Häubchen aus Papier oder Stoff den perfekten optischen Schliff. Auch ein am Glas festgebundenes Kräutersträußchen, eine aufgeklebte Zimtstange oder ein paar befestigte Sternanise sind hübsche und dazu noch preisgünstige Hingucker. Kleine unbehandelte Holzlöffel können zudem mit den Angaben zum Inhalt beschriftet werden und so als Etikett dienen.

Feine Tropfen wie Likör und Sirup oder aromatisiertes Öl sind in schlanken Flaschen oder bauchigen Karaffen schön aufgehoben. Sie lassen sich wie die Gläser auf vielfältige Weise, je nach Saison oder persönlichem Geschmack des Beschenkten verzieren.

Das passende Material dazu kann, muss man aber nicht zwingend kaufen. Wer Schleifen, Bänder und Schnüre von eigenen Geschenken glättet und aufbewahrt, hat immer einen kleinen Vorrat im Haus. Pappschachteln, Holzschalen und -körbchen gibt es im Supermarkt oder auf dem Wochenmarkt mit dem erworbenen Obst oder Gemüse oft gratis dazu. Selbst Joghurtbechern und Konservendosen kann man mit ein bisschen Farbe und Geschick ein neues, edleres „Outfit" verleihen. Flohmärkte sind wahre Fundgruben für günstiges Verpackungs- und Verschönerungsmaterial. Auch in Geschäften mit preiswerten Haushaltswaren wird man für wenig Geld fündig.

Falls es beim Schenken gern etwas mehr sein darf, lassen sich die feinen Präsente durch entsprechende Zugaben zusätzlich aufwerten. Konfekt und Pralinen kommen in hübschen Tassen oder auf farblich abgestimmtem Porzellan besonders gut zur Geltung. Edle Tropfen werden durch die Beigabe von wertvollen Gläsern richtig kostbar. Viele der feinen Geschenke aus der Küche lassen sich zudem wunderbar kombinieren, sodass man mit mehreren kleinen, hausgemachten Präsenten attraktive Geschenkkörbe gestalten kann. Erlaubt ist, was kulinarisch und optisch gefällt.

Weihnachtliches Gebäck

12

Florentiner mit Walnuss

1 Backofen auf 200 Grad Ober- und Unterhitze (180 Grad Umluft) vorheizen. Walnüsse grob hacken. Mango in feine Würfel schneiden und die Papayawürfel grob hacken.

2 Butter, Zucker, Honig und Kondensmilch in einen Topf geben und erhitzen. Unter ständigem Rühren ca. 1 Minute kochen lassen.

3 Den Topf vom Herd ziehen. Mehl durch ein Sieb einstäuben und mit einem Schneebesen gründlich einrühren. Das Ganze noch einmal unter Rühren aufkochen lassen. Walnüsse, Mango und Papaya unterrühren.

4 3 Backbleche mit Backpapier auslegen. Mit 2 Teelöffeln jeweils ca. 12 kleine Häufchen auf die Backbleche setzen, dabei dazwischen immer etwas Abstand lassen. Dann die Bleche in den heißen Ofen schieben und die Florentiner 8–10 Minuten backen.

5 Backbleche aus dem Ofen nehmen und die warme Florentinermasse sofort mit einem geölten Ausstechring (ca. 5 cm Durchmesser) zusammenschieben. Dann die Florentiner erkalten lassen.

6 Kuvertüre in Stücke schneiden und in eine Rührschüssel aus Metall geben. Über einem heißen Wasserbad unter Rühren schmelzen lassen. Die Unterseite der erkalteten Florentiner mit der Kuvertüre einstreichen und trocknen lassen.

Tipp

Verpacken Sie die Florentiner in hübschen farbigen Papiertütchen und verschließen Sie sie mit einer farblich passenden Schleife oder mit einer selbst gestalteten Holzklammer.

Für ca. 36 Stück:
200 g kalifornische Walnüsse
50 g kandierte Mangostücke
50 g getrocknete Papayawürfel
80 g Butter
100 g Zucker
2 EL flüssiger Honig
4 EL Kondensmilch
2 geh. EL Weizenmehl (Type 405)
neutrales Öl
150 g Zartbitterkuvertüre

Zubereitungszeit:
35 Min.
Backzeit:
10 Min.

Nährwerte pro Stück:
101 kcal, 423 kJ,
1 g EW, 7 g F, 9 g KH

14

Linzer Sterne

1 Mehl und Backpulver mischen und in eine Rührschüssel sieben. 1 Ei, von dem zweiten Ei das Eigelb und den Zucker dazugeben. Salz, abgeriebene Zitronenschale, gemahlene Mandeln, Zimt, Nelken und Muskatnuss ebenfalls hinzufügen.

2 Margarine in kleine Stückchen schneiden und auf den vorbereiteten Zutaten verteilen. Das Ganze mit den Knethaken des Handrührgerätes zu einem glatten Teig verarbeiten. Ca. 1 Stunde kalt stellen.

3 Backofen auf 175 Grad Ober- und Unterhitze (150 Grad Umluft) vorheizen. Teig auf einer bemehlten Arbeitsfläche dünn ausrollen und mit einer Ausstechform Sterne ausstechen. Aus der Hälfte der Sterne in der Mitte zusätzlich ein kleines Loch ausstechen.

4 Die ungelochten Sterne mit Johannisbeergelee bestreichen und die gelochten daraufsetzen. Andrücken. Ein Backblech mit Backpapier belegen. Die Sterne darauflegen und im heißen Ofen ca. 18 Minuten backen. Nach Ende der Backzeit die Linzer Sterne auskühlen lassen. Anschließend die Plätzchen dünn mit Puderzucker bestäuben.

Tipp

Nach Geschmack und Vorrat kann das Johannisbeergelee z. B. auch durch Himbeer- oder ein anderes rotes Gelee ersetzt werden.

Für ca. 75 Stück:
250 g Weizenmehl (Type 405)
½ TL Backpulver
2 Eier (Größe M)
150 g Zucker
1 Prise Salz
abgeriebene Schale von ½ Zitrone (unbehandelt)
200 g gemahlene Mandeln
1 TL Zimtpulver
1 Msp. Nelkenpulver
1 Msp. Muskatnuss, frisch gerieben
250 g Margarine (z. B. von Sanella)
Mehl für die Arbeitsfläche
175 g Johannisbeergelee
Puderzucker zum Bestäuben

Zubereitungszeit:
1 Std.
Kühlzeit:
1 Std.
Backzeit:
18 Min.

Nährwerte pro Stück:
67 kcal, 280 kJ,
1 g EW, 4 g F, 6 g KH

16

Pfeffernüsse

1 Zitronat fein hacken. Eier mit dem Zuckerrohrgranulat schaumig rühren. Hirschhornsalz in wenig kaltem Wasser auflösen und mit der Zitronenschale sowie allen Gewürzen unter die Eiermasse mischen. Vollkornmehl, Hafermehl und gehacktes Zitronat über die Schaummasse streuen und mit der Milch unter den Teig kneten.

2 Backofen auf 200 Grad Ober- und Unterhitze (180 Grad Umluft) vorheizen. Das Backblech mit Butter einfetten. Teig 1 cm dick auf der bemehlten Arbeitsfläche ausrollen und daraus Kreise von 3 cm Durchmesser ausstechen. Diese dann auf das Blech legen. Pfeffernüsse auf der mittleren Schiene ca. 15 Minuten backen.

3 Nach Ende der Backzeit die Pfeffernüsse aus dem Ofen nehmen. Vom Blech heben und auf einem Kuchengitter auskühlen lassen.

Tipp

Lecker schmecken die Pfeffernüsse auch, wenn man sie mit einer Puderzuckerglasur überzieht, die dann noch mit ein wenig braunem Zucker bestreut wird.

Für ca. 100 Stück:

- 50 g Zitronat
- 2 Eier (Größe M)
- 200 g Zuckerrohrgranulat
- 1 gestr. TL Hirschhornsalz
- abgeriebene Schale von 1 Zitrone (unbehandelt)
- ¼ TL weißer Pfeffer aus der Mühle
- je 1 Msp. Nelken-, Kardamom-, Muskat- und Pimentpulver
- 1 TL Zimtpulver
- 250 g Vollkornmehl
- 100 g Hafermehl
- 4 EL Milch
- Butter für das Backblech
- Mehl für die Arbeitsfläche

Zubereitungszeit:
45 Min.

Backzeit:
15 Min.

Nährwerte pro Stück:
23 kcal, 96 kJ,
1 g EW, 0,5 g F, 5 g KH

18

Butterplätzchen

(Abb. vorn)

1 Mehl, Salz und Zucker mischen. Butter in Würfel schneiden und mit der Mehlmischung krümelig kneten. Eigelb zugeben, alles zu einem Teig vermengen und 30 Minuten im Kühlschrank ruhen lassen.

2 Backofen auf 175 Grad Ober- und Unterhitze (155 Grad Umluft) vorheizen und ein Backblech mit Backpapier auslegen. Den Teig auf einer bemehlten Arbeitsfläche 4 mm dick ausrollen. Herzen ausstechen und auf das Blech geben. Im heißen Ofen auf der mittleren Schiene ca. 12 Minuten backen.

3 Für die Glasur Puderzucker mit Zitronen- oder Orangensaft glatt rühren. Die Herzen damit überziehen und den Guss fest werden lassen.

Für ca. 25 Stück:
190 g Dinkelmehl (Type 630)
1 Prise Meersalz
60 g Rohrohrzucker (z. B. von Alnatura)
125 g kalte Butter
1 Eigelb (Größe M)
Mehl für die Arbeitsfläche, 9 EL Puderzucker, 2 EL Zitronen- oder Orangensaft

Zubereitungszeit:
30 Min.
Kühlzeit:
30 Min.
Backzeit:
12 Min.

Nährwerte pro Stück:
90 kcal, 377 kJ,
1 g EW, 5 g F, 11 g KH

Schwarz-Weiß-Gebäck

(Abb. hinten)

1 Mehl, Backpulver, Puderzucker und Salz mischen. Butter würfeln und mit dem Mehl krümelig kneten. Eigelb zugeben und alles glatt verkneten. Den Teig halbieren. Einer Hälfte Kakao gründlich unterkneten. Beide Hälften in Folie wickeln und 2 Stunden kühl stellen.

2 Beide Teige 1 cm dick ausrollen, in 1 cm breite Streifen schneiden und dann halbieren. 1 hellen neben 1 dunklen Streifen legen. Auf den dunklen 1 hellen und auf den hellen 1 dunklen Streifen legen. Fest aneinanderdrücken und Schnittstellen mit Milch bepinseln.

3 Teig 15 Minuten in den Gefrierschrank legen. Ofen auf 175 Grad Ober- und Unterhitze (155 Grad Umluft) vorheizen und ein Blech mit Backpapier belegen. Teig in 5 mm dicke Scheiben schneiden und auf das Blech legen. Im Ofen dann 12 Minuten backen.

Für ca. 35 Stück:
290 g Weizenmehl (Type 550), 1 TL Weinsteinbackpulver
125 g Puderzucker
1 Prise Meersalz
150 g kalte Butter
1 Eigelb (Größe M)
3 TL schwach geölter Kakao, 2 EL Milch

Zubereitungszeit:
45 Min.
Kühlzeit:
2 ¼ Std.
Backzeit:
12 Min.

Nährwerte pro Stück:
78 kcal, 326 kJ,
1 g EW, 4 g F, 10 g KH

Weihnachtliches Gebäck

20 Mandel-Orangen-Kardamom-Plätzchen

1 Backofen auf 175 Grad Ober- und Unterhitze (155 Grad Umluft) vorheizen. Die 28 ganzen Mandeln auf ein ungefettetes Backblech geben und in den heißen Ofen schieben. 7–10 Minuten rösten, bis sie goldbraun sind. Anschließend herausnehmen und auskühlen lassen. Den Ofen nicht ausschalten.

2 Mandelstifte in der Küchenmaschine fein mahlen und beiseitestellen. In einer kleinen Schüssel Mehl gründlich mit Kardamom und Salz mischen. Dann ebenfalls beiseitestellen.

3 Butter in eine mittelgroße Rührschüssel geben und mit den Quirlen des Handrührgerätes cremig schlagen. Nach und nach Puderzucker, Eigelb, abgeriebene Orangenschale und Mandelextrakt unterrühren. Mehlmischung und gemahlene Mandeln dazugeben und alles vorsichtig verrühren. Den Teig zudecken und 30 Minuten kalt stellen.

4 Ein Backblech mit Backpapier auslegen. Den gekühlten Teig esslöffelweise zu Kugeln formen. Diese dann mit 2–3 cm Abstand zueinander auf das Backblech setzen. Jeweils 1 ganze Mandel in die Plätzchen drücken.

5 Das Blech in den heißen Ofen schieben und Plätzchen ca. 15 Minuten backen, bis sie auf der Unterseite leicht gebräunt sind. Auf einem Kuchengitter auskühlen lassen und anschließend mit Puderzucker bestäuben.

Für ca. 28 Stück:

- ca. 28 ganze Mandeln
- 125 g gestiftelte kalifornische Mandeln
- 125 g Weizenmehl (Type 405)
- 2 TL Kardamompulver
- ¼ TL Salz
- 100 g weiche Butter
- 75 g Puderzucker
- 1 Eigelb (Größe M)
- 2 TL abgeriebene Orangenschale (unbehandelt)
- ½ TL Mandelextrakt
- Puderzucker zum Bestäuben

Zubereitungszeit:
30 Min.

Kühlzeit:
30 Min.

Backzeit:
25 Min.

Nährwerte pro Stück:
80 kcal, 335 kJ,
2 g EW, 6 g F, 6 g KH

Weihnachtliches Gebäck

Pfefferkuchenmann

1 Vanilleschote mit einem spitzen Messer aufschneiden und das Mark auskratzen. Zucker und Sirup in einen Topf geben und bei milder Hitze unter Rühren erwärmen. Dann vom Herd nehmen.

2 Zuckersirup mit Mehl, Haferflocken, Eiern, Mandeln, Butter, Vanillemark sowie Pfefferkuchengewürz in eine Rührschüssel geben. Das Ganze zu einem Teig verkneten. Pottasche und Hirschhornsalz in Rosenwasser oder lauwarmem Wasser auflösen. In den Teig einarbeiten und 1 Stunde ruhen lassen.

3 Den Backofen auf 160 Grad Ober- und Unterhitze (140 Grad Umluft) vorheizen. Teig 5 mm dick ausrollen und ca. 14 Pfefferkuchenmänner ausschneiden. Ein Backblech mit Backpapier auslegen. Pfefferkuchenmänner auf das Blech legen. In den heißen Backofen schieben und auf der mittleren Schiene ca. 15 Minuten backen.

4 Pfefferkuchenmänner aus dem Ofen nehmen und erkalten lassen. Aus Puderzucker und 1–2 EL Wasser eine glatte, dickflüssige Masse anrühren.

5 Männchen mit Rosinen und Mandeln nach Belieben verzieren. Dabei die Puderzuckermasse als „Kleber“ verwenden.

Tipp

In durchsichtige Folie verpackt und mit einer hübschen Schleife verschlossen sind die Pfefferkuchenmänner eine tolle Geschenkidee. Der Guss muss bis dahin aber vollständig getrocknet sein.

Für ca. 14 Stück:

Für den Teig:

- ½ Vanilleschote
- 125 g Zucker
- 500 g Zuckerrübensirup, 700 g Weizenmehl (Type 405)
- 300 g blütenzarte Haferflocken
- 2 Eier (Größe M)
- 100 g gemahlene Mandeln
- 200 g Butter
- 1 Päckchen Pfefferkuchengewürz
- 15 g Pottasche
- 5 g Hirschhornsalz
- 100 g Rosenwasser (alternativ Wasser)

Zum Verzieren:

- 3 EL Puderzucker
- Rosinen
- gehackte, gestiftelte und ganze Mandeln

Zubereitungszeit: 45 Min.

Ruhezeit: 1 Std.

Backzeit: 15 Min.

Nährwerte pro Stück: 567 kcal, 2372 kJ, 10 g EW, 19 g F, 89 g KH

24

Printen (Abb. S. 11)

1 Orangeat fein hacken. Butter und Honig in einer Rührschüssel mit den Quirlen des Handrührgerätes luftig aufschlagen. Orangeat, Rübenzucker und Salz zugeben. Mehl, Backpulver und Lebkuchengewürz über den Teig stäuben. Das Ganze mit dem Handrührgerät zu einem glatten Teig verarbeiten. Abdecken und ca. 30 Minuten in den Kühlschrank stellen.

2 Den Backofen auf 175 Grad Ober- und Unterhitze (155 Grad Umluft) vorheizen. Den Teig auf einer dünn bemehlten Arbeitsfläche 5 mm dick ausrollen und in Rechtecke von ca. 4 cm x 6 cm schneiden. Ein Blech mit Backpapier belegen und die Rechtecke mit etwas Abstand zueinander darauflegen.

3 Den Fruchtaufstrich durch ein Sieb streichen und die Printen damit dünn bestreichen. Je 1 Mandel auf jede Printe geben und andrücken.

4 Das Blech in den heißen Ofen schieben und Printen auf der mittleren Schiene ca. 12 Minuten backen. Anschließend herausnehmen und auf einem Kuchengitter erkalten lassen.

Tipp

Lagern Sie die Printen ca. 3 Tage in einer Blechdose mit einigen Apfelschnitzen. Dann schmecken sie erst so richtig gut. Die Printen sollten aber erst in die Dose gelegt werden, wenn sie vollständig ausgekühlt sind.

Für ca. 25 Stück:

Für den Teig:
- 1 TL Orangeat
- 100 g weiche Butter
- 150 g Waldhonig
- 75 g Rübenzucker (z. B. von Alnatura)
- 1 Prise Meersalz
- 250 g Weizenmehl (Type 550)
- 2 TL Weinsteinbackpulver
- 1 TL Lebkuchengewürz
- Mehl für die Arbeitsfläche

Für den Belag:
- 4 EL Fruchtaufstrich Marille
- 50 g ganze Mandeln

Zubereitungszeit: 40 Min.
Kühlzeit: 30 Min.
Backzeit: 12 Min.

Nährwerte pro Stück:
81 kcal, 339 kJ,
1 g EW, 4 g F, 10 g KH

Pralinen & mehr

Schokoladentrüffel mit Zimt

1 Aus Zucker und 40 ml Wasser Läuterzucker kochen. Dafür Zucker mit Wasser unter Rühren aufkochen. Den dabei entstehenden Schaum abschöpfen, damit eine klare Zuckerlösung entsteht.

2 Sahne mit Läuterzucker und Zimt in einen weiteren Topf geben. Unter Rühren aufkochen und dann das Ganze wieder vom Herd ziehen.

3 Zartbitterkuvertüre hacken und in eine Rührschüssel geben. Die heiße Zucker-Sahne-Mischung auf die Kuvertüre gießen und das Ganze glatt rühren. Dann abkühlen lassen, bis die Masse nur noch lauwarm ist.

4 Die weiche Butter in die Schokoladenmasse einrühren. Glatt rühren und dann 2 Stunden kalt stellen.

5 Nach Ende der Kühlzeit runde Trüffel abdrehen. Kakaopulver auf einen Teller sieben und die Schokoladentrüffel darin wälzen.

Tipp

Geben Sie die Schokoladentrüffel am besten in kleine bunte Pralinenförmchen und setzen Sie sie dann in eine schöne Pralinenschachtel oder -dose.

Für ca. 30 Stück:
40 g Zucker
150 g Schlagsahne
1 Msp. Zimtpulver
320 g Zartbitter-kuvertüre
40 g weiche Butter
Kakaopulver

Zubereitungszeit:
40 Min.
Kühlzeit:
2 Std.

Nährwerte pro Stück:
83 kcal, 347 kJ,
1 g EW, 6 g F, 6 g KH

Pralinen & mehr

Mandel-Orangen-Trüffel

1 Gehackte Mandeln ohne Fettzugabe in eine Pfanne geben, erhitzen und unter häufigem Schwenken etwas rösten. Anschließend sofort aus der Pfanne nehmen und abkühlen lassen.

2 Zartbitter-Orangen-Schokolade über einem heißen Wasserbad unter Rühren schmelzen. Dann einige Minuten abkühlen lassen, sodass die Schokolade gerade noch flüssig ist.

3 Zimmerwarme, weiche Butter in eine Rührschüssel geben. Puderzucker durch ein Haarsieb darüberstäuben und das Ganze cremig aufschlagen. Dann Orangenlikör und die geschmolzene Zartbitter-Orangen-Schokolade unterrühren.

4 Die Masse in einen Spritzbeutel oder eine Kuchenspritze mit Lochtülle geben. Backpapier ausbreiten. Ca. 45 nussgroße Häufchen daraufspritzen. Die Trüffel fest werden lassen und dann in den gerösteten Mandeln wälzen.

5 Zartbitter- und Vollmilchschokolade sowie Kokosfett oder Butterschmalz in eine Rührschüssel aus Metall geben. Über einem heißen Wasserbad schmelzen und gut verrühren. Mandel-Orangen-Trüffel etwa zur Hälfte hineintauchen und auf Backpapier trocknen lassen.

Tipp

Die Trüffel müssen kühl aufbewahrt werden. Sie sind dann ca. 4 Wochen haltbar.

Für ca. 45 Stück:

- 100 g gehackte Mandeln
- 250 g Zartbitter-Orangen-Schokolade (z. B. von Alnatura)
- 125 g Süßrahmbutter
- 25 g Puderzucker
- 3 EL Orangenlikör
- 100 g Zartbitterschokolade
- 100 g Vollmilchschokolade
- 20 g Kokosfett oder Butterschmalz

Zubereitungszeit:
50 Min.

Nährwerte pro Stück:
89 kcal, 372 kJ,
1 g EW, 7 g F, 6 g KH

Türkischer Honig mit Rosenwasser

1 Backofen auf 80 Grad Ober- und Unterhitze vorheizen. Die Mandeln mit den Pistazien in eine kleine Auflaufform geben und im Ofen erwärmen.

2 Puderzucker, Honig, Zucker, Eiweiß und Rosenwasser in einen Topf geben und zum Kochen bringen. Unter ständigem Rühren 20–30 Minuten köcheln lassen.

3 Während der Garzeit mit einem feuchten Pinsel den Innenrand des Topfes von Zuckerspritzern reinigen, damit der Zucker nicht bräunt und die Masse verfärbt. Die Masse ist fertig, sobald ein Probekügelchen davon in kaltem Wasser zwar fest, aber nicht hart wird.

4 Eine beschichtete längliche Kuchenform mit Puderzucker bestäuben. Nüsse und Pistazien unter die Zuckermasse rühren und das Ganze in die Kuchenform geben.

5 Türkischen Honig vollständig auskühlen lassen. Dann in Streifen schneiden und verpacken.

Tipp

Bei diesem edlen Geschenk bietet es sich förmlich an, es mit selbst hergestellten Marzipanrosen zu verzieren. Wer mag, kann die Kuchenform auch mit dünnen Waffelblättern auslegen und die Masse damit bedecken.

Für ca. 12 Stücke:

125 g geschälte Mandeln
100 g ungesalzene grüne Pistazien
150 g Puderzucker
125 g heller Honig
30 g Zucker
2 Eiweiß (Größe M)
2 TL Rosenwasser
Puderzucker zum Bestäuben

Zubereitungszeit:
50 Min.

Nährwerte pro Stück:
203 kcal, 849 kJ,
4 g EW, 10 g F,
24 g KH

Pralinen & mehr

Dominosteine

1 Honig mit Butter und Ei in einer Rührschüssel schaumig schlagen. Mehl mit Lebkuchengewürz, Salz, Kakao, Backpulver und abgeriebener Zitronenschale vermischen und mit der Milch unter die Butter-Honig-Masse rühren.

2 Den Backofen auf 160 Grad Ober- und Unterhitze (140 Grad Umluft) vorheizen. Ein Backblech zur Hälfte mit Backpapier auslegen und in der Mitte des Blechs das Papier so falten, dass eine hohe Kante entsteht. Teig auf das Papier streichen und in den heißen Ofen schieben. Auf der mittleren Schiene 12–15 Minuten backen.

3 Teigplatte auskühlen lassen, dann waagerecht halbieren. Jede Teighälfte mit Fruchtaufstrich bestreichen. Marzipan mit Orangenlikör oder -saft verkneten und zwischen Frischhaltefolie in Größe der Teigplatte ausrollen. Marzipanplatte auf eine Teigplatte legen, die andere mit dem Aufstrich nach unten daraufgeben und leicht andrücken.

4 Teigplatte in ca. 2 cm x 2 cm große Würfel schneiden. Die Bitterschokolade über einem heißen Wasserbad schmelzen. Würfel mit einer Pralinen- oder Kuchengabel in die geschmolzene Schokolade tauchen und komplett damit überziehen.

5 Dominosteine zum Trocknen auf Backpapier setzen. Weiße Schokolade ebenfalls schmelzen und die Dominosteine nach Belieben damit verzieren.

Für ca. 40 Stück:
125 g Vielblütenhonig
35 g Butter
1 Ei (Größe M)
150 g Dinkelmehl (Type 630)
½ TL Lebkuchengewürz
1 Prise Salz
1 TL Kakaopulver
1 geh. TL Weinsteinbackpulver
abgeriebene Schale von ½ Zitrone (unbehandelt)
1 EL Milch
250 g Fruchtaufstrich Marille (z. B. von Alnatura)
150 g Marzipan
1 EL Orangenlikör oder Orangensaft
300 g feine Bitterschokolade
50 g weiße Schokolade

Zubereitungszeit:
1 Std.
Backzeit:
15 Min.

Nährwerte pro Stück:
101 kcal, 423 kJ,
2 g EW, 3 g F, 16 g KH

Erdnusskrokant

1 Ein Backblech mit Öl bestreichen. Erdnüsse und Pistazien in eine mikrowellenfeste Schüssel geben. Sirup, Zucker und Salz dazugeben und alles gründlich miteinander vermischen.

2 Das Ganze in die Mikrowelle stellen und 6 Minuten auf hoher Stufe kochen lassen. Zwischendurch vorsichtig umrühren.

3 Butter zum Sirup geben und das Ganze gründlich verrühren. Weitere 2 Minuten in die Mikrowelle stellen und kochen.

4 Natron unterrühren. Dann die Masse auf das geölte Blech streichen und auskühlen lassen. Wenn die Masse fest ist, in Stücke brechen.

Tipp

Lassen Sie die Krokantmasse lange genug auskühlen, damit Sie sie dann auch gut brechen können. Passen Sie besonders gut auf, wenn Sie die Schüssel aus der Mikrowelle nehmen, denn der Sirup ist sehr heiß!

Für ca. 635 g:
- Öl für das Backblech
- 150 g ungesalzene Erdnüsse
- 150 g ungesalzene grüne Pistazien
- 125 ml Ahornsirup
- 200 g Zucker
- 1 Prise Salz
- 1 TL Butter
- 1 TL Natron

Zubereitungszeit:
20 Min.

Nährwerte pro 100 g:
508 kcal, 2125 kJ, 11 g EW, 27 g F, 55 g KH

Schokoladenkugeln (Abb. S. 25)

1 Den Backofen auf 175 Grad Ober- und Unterhitze (155 Grad Umluft) vorheizen. Zartbitterkuvertüre im heißen Wasserbad schmelzen. Margarine, Eier, Zucker und Salz glatt rühren. Kuvertüre zum Teig geben und unterrühren. Mehl und Backpulver mischen, über den Teig sieben und unterheben.

2 Ein Backblech mit Backpapier auslegen. Aus dem Teig ca. 2,5 cm große Kugeln formen. Die Kugeln auf das Blech legen, dabei eine Seite flach drücken. In den heißen Ofen schieben und auf der mittleren Schiene ca. 15 Minuten backen.

3 Nach Ende der Backzeit die Kugeln aus dem Ofen nehmen und auskühlen lassen. Zum Garnieren Zartbitter- und weiße Kuvertüre getrennt voneinander in einem heißen Wasserbad schmelzen. Ausgekühlte Kugeln ca. zu einem Drittel in die dunkle Kuvertüre tauchen. Leicht antrocknen lassen und mit der weißen Kuvertüre verzieren. Vor dem Verpacken die Schokolade vollständig fest werden lassen.

Tipp

Zum Verzieren mit der weißen Kuvertüre am besten eine Gabel verwenden.

Für ca. 40 Stück:
- 200 g Zartbitterkuvertüre
- 125 g Margarine (z. B. von Rama)
- 2 Eier (Größe M)
- 75 g brauner Zucker
- 1 Prise Salz
- 375 g Dinkelmehl (Type 630)
- 1 TL Backpulver

Zum Garnieren:
- 100 g Zartbitterkuvertüre
- 50 g weiße Kuvertüre

Zubereitungszeit:
30 Min.

Backzeit:
15 Min.

Nährwerte pro Stück:
103 kcal, 431 kJ,
2 g EW, 4 g F,
14 g KH

Konfitüre & mehr

Feigen-Honig-Kompott

1 Feigen waschen, trocken reiben und vierteln. In einer Schüssel mit Zucker, Honig und Zitronensaft verrühren. Danach 30 Minuten ziehen lassen.

2 Anschließend die Feigen mit der Zuckermischung in einen Topf geben. Das Ganze erhitzen und einmal aufkochen lassen. Dann zugedeckt ca. 12 Stunden kalt stellen.

3 Fest verschließbare Gläser gründlich waschen und gut trocknen lassen. Nach Ziehzeitende Lorbeerblätter zugeben und die Feigen wieder erhitzen. Unter Rühren 5 Minuten kochen lassen.

4 Die Lorbeerblätter entfernen und Feigen in die vorbereiteten Gläser füllen. Fest verschließen und das Ganze auskühlen lassen. Das Feigen-Honig-Kompott kühl und trocken lagern.

Tipp

Besonders schön sieht das Feigen-Honig-Kompott aus, wenn man es in Gläser mit Bügelverschluss füllt und diese zum Verschenken dann mit einer farblich passenden Tüll- oder Stoffschleife verziert.

Für 2 Gläser à ca. 400 ml:
500 g Feigen
350 g Kristallzucker
50 g Honig
Saft von ½ Zitrone
3 Lorbeerblätter

Zubereitungszeit:
15 Min.
Ziehzeit:
30 Min.
Kühlzeit:
12 Std.

Nährwerte pro Glas:
954 kcal, 3992 kJ,
3 g EW, 0 g F,
114 g KH

Weißweingelee mit Passionsfrucht

1 4 fest verschließbare Gläser gründlich mit heißem Wasser und etwas Spülmittel reinigen. Anschließend auf einem sauberen Küchentuch gründlich trocknen lassen. Die Passionsfrüchte halbieren und den Inhalt auskratzen.

2 Passionsfrucht mit dem Weißwein in einen Topf geben. Zucker einrühren, dann das Ganze zum Kochen bringen. 5 Minuten sprudelnd kochen lassen und danach die Gelierprobe machen.

3 Das Weißweingelee in die vorbereiteten Gläser füllen. Diese fest verschließen und einige Minuten auf den Deckel stellen. Dann während der Abkühlzeit die Gläser ab und zu drehen, damit sich die Kerne der Passionsfrüchte verteilen. Kühl und dunkel aufbewahren.

Tipp

Beim Kauf der Passionsfrüchte sollten Sie darauf achten, möglichst keine grünen, d. h. unreifen, Exemplare zu kaufen, sondern die violetten und damit reifen. Richtig reif sind die Früchte, wenn die Schale schrumpelig aussieht.

Für 4 Gläser à ca. 250 ml:
5 Maracujas oder andere Passionsfrüchte
750 ml halbtrockener Weißwein
400 g Gelierzucker 2:1

Zubereitungszeit:
25 Min.

Nährwerte pro Glas:
645 kcal, 2699 kJ,
3 g EW, 1 g F,
121 g KH

Konfitüre & mehr

Quittengelee

1 Quitten waschen, vierteln und mit ca. 1 l Wasser in einen Topf geben. Die Früchte sollten dabei nicht völlig mit Wasser bedeckt sein.

2 Das Wasser zum Kochen bringen. Quitten 30–40 Minuten bzw. so lange kochen, bis sie weich sind. In der Zwischenzeit 3 fest verschließbare Gläser gründlich reinigen und abtropfen lassen.

3 Vanilleschote mit einem spitzen Messer längs aufschneiden und das Mark herauskratzen. 750 ml des gewonnenen Quittensafts abmessen und das Vanillemark mit dem Gelierzucker dazugeben.

4 Das Ganze nochmals aufkochen und 3 Minuten sprudelnd kochen lassen. In die vorbereiteten Gläser füllen, diese gut verschließen und für ca. 5 Minuten auf den Kopf stellen. Abkühlen lassen.

Tipp

Die Quitte stammt ursprünglich aus Kaukasien bzw. aus dem persischen Raum, heute wird sie auch in vielen Mittelmeerländern angebaut. Sollten Sie keine frischen Quitten bekommen, können Sie auch 750 ml Quittensaft verwenden.

Für 3 Gläser à ca. 250 ml:
3 Quitten
1 Vanilleschote
500 g Gelierzucker 2:1
(z. B. von SweetFamily)

Zubereitungszeit:
20 Min.
Garzeit:
40 Min.

Nährwerte pro Glas:
462 kcal, 1933 kJ,
1 g EW, 1 g F,
110 g KH

Erdbeerkonfitüre

1 Erdbeeren mit kaltem Wasser abbrausen und abtropfen lassen. Erdbeeren putzen und dann halbieren oder vierteln.

2 Erdbeeren mit einer Gabel zerdrücken. Mit Zitronensaft und Gelierzucker in einen großen Topf geben und vermengen. Den Deckel auflegen und das Ganze mindestens 1 Stunde Saft ziehen lassen.

3 2 Einmachgläser mit Bügelverschluss gründlich mit heißem Wasser reinigen und abtropfen lassen. In der Zwischenzeit die Fruchtmasse bei starker Hitze unter ständigem Rühren aufkochen und 3 Minuten sprudelnd kochen lassen. Die Gelierprobe machen und die Konfitüre abschäumen.

4 Die Erdbeerkonfitüre sofort randvoll in die vorbereiteten Gläser füllen und fest verschließen. Gläser 5 Minuten auf den Deckel stellen, dann umdrehen und abkühlen lassen. An einem trockenen Ort kühl und dunkel lagern.

Tipp

Erdbeerkonfitüre lässt sich wunderbar variieren. Eine feine aromatische Note bekommt sie, wenn man 20 große, in feine Streifen geschnittene Basilikumblätter nach dem Abschäumen unter die Erdbeerkonfitüre rührt. Oder wie wäre es mit einer pikanten Variante? Dafür 4 TL eingelegte grüne Pfefferkörner aus dem Glas abspülen, in einem Sieb abtropfen lassen und ganz fein hacken; ebenfalls nach dem Abschäumen unter die noch warme Konfitüre rühren.

Für 2 Gläser à ca. 300 ml:
500 g Erdbeeren
2 EL Zitronensaft
250 g Gelierzucker 2:1

Zubereitungszeit:
30 Min.
Ziehzeit:
1 Std.

Nährwerte pro Glas:
642 kcal, 2686 kJ,
3 g EW, 2 g F,
149 g KH

Pflaumenkompott mit Orangen und Mandeln

1 Pflaumen waschen und trocken tupfen. Die Früchte halbieren, Kerne entfernen und Fruchtfleisch in Würfel schneiden. Mit dem Zucker vermengen.

2 2 Orangen so schälen, dass die weißen Häute mit entfernt werden. Dann die Filets aus den Zwischenhäuten lösen. Die dritte Orange halbieren und den Saft auspressen.

3 Fest verschließbare Gläser gründlich reinigen und trocknen lassen. Pflaumen mit dem Zucker in einen kleinen Topf geben. Orangensaft zugeben und das Ganze erhitzen. Unter Rühren 10 Minuten köcheln lassen.

4 Mandeln und Orangenfilets zu den Pflaumen geben. 5 Minuten weiterköcheln lassen und anschließend in die vorbereiteten Gläser füllen. Gläser fest verschließen, abkühlen lassen und zum Aufbewahren kalt stellen.

Tipp

Pflaumenkompott ist ein wahrer Klassiker und wird beispielsweise gerne zu Pfannkuchen, Waffeln oder Kaiserschmarrn serviert. Und auch zu Vanillepudding oder -eis, Milchreis oder Dampfnudeln passt es hervorragend.

Für 4 Gläser à ca. 250 ml:
600 g Pflaumen
120 g Zucker
3 Orangen
20 g gehobelte Mandeln

Zubereitungszeit:
20 Min.
Garzeit:
15 Min.

Nährwerte pro Glas:
267 kcal, 1117 kJ,
3 g EW, 3 g F, 54 g KH

Konfitüre & mehr

Apfel-Rosen-Gelee mit Safranfäden (Abb. S. 37)

1 6 Twist-off-Gläser und deren Deckel gründlich mit heißem Wasser und Spülmittel reinigen. Anschließend auf einem sauberen Küchenhandtuch trocknen lassen.

2 Gelierzucker und Apfelsaft in einen großen Topf geben und verrühren. Dann das Ganze unter Rühren aufkochen und 3 Minuten sprudelnd kochen lassen.

3 Je 3 Rosenblätter, 5 Safranfäden und ½ TL Rosenwasser in 1 gereinigtes Glas geben. Das Apfelgelee heiß aufgießen. Gläser mit den Deckeln fest verschließen und für ca. 5 Minuten auf den Kopf stellen.

4 Danach die Gläser in kurzen Abständen drehen, damit sich die Safranfäden und Rosenblätter gleichmäßig verteilen. An einem kühlen Ort dunkel und trocken aufbewahren.

Tipp

Die Rosenblätter können Sie auch ungespritzt aus dem eigenen Garten verwenden.
Zum Verschenken können Sie beispielsweise einen hübschen Seidenkrokus oder auch eine farblich passende Rose aus Stoff mit an das Glas binden.

Für 6 Gläser à ca. 200 ml:
500 g Gelierzucker extra 2:1
750 ml klarer Bio-Apfelsaft
18 Rosenblätter (Feinkost- oder Delikatessenabteilung)
0,1 g Safranfäden (1 Döschen, z. B. von Fuchs)
3 TL Rosenwasser

Zubereitungszeit:
20 Min.

Nährwerte pro Glas:
391 kcal, 1636 kJ,
1 g EW, 0 g F, 96 g KH

Herzhaftes

Olivenkekse

1 Mehl, Salz, Backpulver und Zucker in eine Rührschüssel geben und vermischen. Parmesan mit Butter und Milch ebenfalls in die Schüssel geben. Mit den Knethaken des Handrührgerätes gründlich verkneten.

2 Oliven hacken und unter die Masse kneten. Aus dem Teig 2 gleich große Rollen formen. In Folie einschlagen und für 45 Minuten in das Gefrierfach legen.

3 Den Backofen auf 180 Grad Ober- und Unterhitze (160 Grad Umluft) vorheizen. Ein Backblech mit Backpapier belegen. Teigrollen aus dem Gefrierfach nehmen und in ca. 5 cm dicke Scheiben schneiden. Auf dem Backblech verteilen.

4 Das Blech in den Ofen schieben und die Kekse 10–12 Minuten backen. Anschließend herausnehmen und abkühlen lassen.

Tipp

Wegen der Oliven sollten die Kekse nicht länger als 3 Tage aufbewahrt werden. Verschenken Sie sie in einer hübschen Box verpackt oder in durchsichtige Folie gehüllt, die dann mit einem schönen Geschenkband verschlossen wird. Zusätzlich können Sie das Rezept noch mit einer Holzklammer daran befestigen.

Für ca. 30 Stück:
- 275 g Weizenmehl (Type 405)
- ½ TL Salz
- ½ TL Backpulver
- 1 Prise Zucker
- 60 g Parmesan, frisch gerieben
- 125 g kalte Butter, gewürfelt
- 100 ml Milch
- 80 g entsteinte schwarze Oliven (Glas)

Zubereitungszeit: 15 Min.
Kühlzeit: 45 Min.
Backzeit: 12 Min.

Nährwerte pro Stück: 82 kcal, 343 kJ, 2 g EW, 5 g F, 7 g KH

Biskuits mit Chorizo und Oliven

1 Backofen auf 210 Grad Ober- und Unterhitze (190 Grad Umluft) vorheizen. Eiweiß und Mehl glatt rühren. Salzen und pfeffern. Chorizo in kleine Würfel, Oliven in Scheiben schneiden. Beides in den Teig einarbeiten. Ein Backblech mit Backpapier auslegen und das Papier einölen.

2 Mit einem Esslöffel ca. 15 kleine Teighäufchen auf das Backpapier setzen; dabei ein paar Zentimeter Abstand dazwischen lassen. Teig mit der Rückseite des Löffels flach drücken.

3 Das Blech in den Ofen schieben und ca. 5 Minuten backen, bis die Kekse leicht gebräunt sind. Aus dem Ofen nehmen, vom Backblech auf ein Kuchengitter ziehen und abkühlen lassen.

Tipp

Chorizo ist eine dünne, grobe Dauerwurst aus Spanien, die in etlichen Varianten aus Schweinefleisch, Paprikapulver und Knoblauch hergestellt wird. Chorizo kann mild oder durch Chilipulver sehr scharf sein und ist meist gepökelt und geräuchert. Sie schmeckt würzig und wird Eintöpfen, Paellas und Schmorgerichten zugegeben, um sie deftiger zu machen. Dünne Scheiben bereichern auch jede Tapas-Auswahl.

Für ca. 15 Stück:

- 6 Eiweiß (Größe M)
- 65 g Weizenmehl (Type 405)
- Salz
- Pfeffer aus der Mühle
- 100 g Chorizo
- 50 g entsteinte grüne Oliven (Glas)
- Olivenöl

Zubereitungszeit: 15 Min.

Backzeit: 5 Min.

Nährwerte pro Stück: 51 kcal, 213 kJ, 3 g EW, 3 g F, 3 g KH

Herzhaftes

Käsestangen

1 Den Backofen auf 225 Grad Ober- und Unterhitze (200 Grad Umluft) vorheizen. Den Blätterteig nach Packungsanweisung auftauen lassen.

2 Die Teigplatten an den Rändern mit Wasser einstreichen. Auf einer bemehlten Arbeitsfläche leicht überlappend zu einem ca. 40 cm x 40 cm großen Quadrat ausrollen.

3 Gouda fein reiben. Mit etwas frisch gemahlenem Pfeffer auf eine Teighälfte streuen, die andere Teighälfte darüberklappen. Mehrmals mit dem Nudelholz darüberrollen.

4 Den Teig mit einem Teigrädchen in 20 ca. 2 cm breite Streifen schneiden. Dann jeden Teigstreifen spiralförmig verdrehen. Eigelb verquirlen und die Käsespiralen damit bestreichen.

5 Ein Backblech mit Backpapier auslegen. Käsespiralen daraufsetzen und in den heißen Ofen schieben. Ca. 15 Minuten goldgelb backen. Anschließend Blech herausnehmen, Käsestangen auskühlen lassen und dann luftdicht verpackt lagern.

Tipp

Die Käsestangen lassen sich, nachdem sie mit dem Eigelb bestrichen wurden, beliebig bestreuen. Hat der Beschenkte eine Vorliebe für Scharfes? Dann einfach etwas Chilipulver darüberstäuben. Oder soll es mal etwas exotisch sein, leicht mit Curry bestreuen. Auch Paprikapulver oder Sesamkörner passen hervorragend. Lassen Sie Ihrer Fantasie freien Lauf!

Für ca. 20 Stück:
300 g TK-Blätterteig
Mehl für die Arbeitsfläche
100 g Gouda
schwarzer Pfeffer aus der Mühle
1 Eigelb (Größe M)

Zubereitungszeit:
30 Min.
Backzeit:
15 Min.

Nährwerte pro Stück:
84 kcal, 351 kJ,
2 g EW, 7 g F, 4 g KH

Eingelegte Zucchini mit Fenchel (Abb. vorn)

1 Zucchini und Fenchel waschen, putzen und mittelgroß würfeln. Ein großes Einmachglas gründlich mit heißem Wasser und Spülmittel reinigen und auf einem sauberen Küchenhandtuch abtropfen lassen.

2 Essig mit 300 ml Wasser in einem Topf erhitzen und Gemüse im Sud 3 Minuten garen. Durch ein Sieb gießen und Gemüse in das Glas füllen. Knoblauch abziehen und in Scheibchen schneiden. Mit Chili, Rosmarin und Salz dazugeben. Mit Pfeffer übermahlen.

3 Zucchini und Fenchel mit Olivenöl aufgießen und das Glas fest verschließen.

Für 1 Glas à ca. 400 ml:
1 Zucchini, 1 Fenchel
250 ml Apfelessig
2 Knoblauchzehen
1 kleine Chilischote
1 Zweig Rosmarin
1 TL Meersalz
Pfeffer aus der Mühle
ca. 100 ml Olivenöl
(z. B. von Alnatura)

Zubereitungszeit:
15 Min.

Nährwerte pro Glas:
1040 kcal, 4351 kJ,
12 g EW, 104 g F,
16 g KH

Marinierte Pilze (Abb. hinten)

1 Ein großes, fest verschließbares Glas heiß waschen und trocknen lassen. Champignons putzen. Knoblauch abziehen und in Scheiben schneiden.

2 Öl erhitzen. Pilze, Knoblauch und Thymian darin 2–3 Minuten braten. Honig und Balsamico-Creme einrühren.

3 Die braunen Champignons mit der Gemüsebrühe ablöschen. Das Ganze 5 Minuten leise köcheln lassen.

4 Dann das Ganze in das vorbereitete Glas füllen und fest verschließen. Die marinierten Champignons abkühlen lassen und anschließend kalt stellen.

Für 1 Glas à ca. 500 ml:
450 g kleine braune
Champignons
2 Knoblauchzehen
2 EL Olivenöl
½ TL Thymian
1 EL Akazienhonig
2 EL Balsamico-Creme
200 ml Gemüsebrühe

Zubereitungszeit:
15 Min.

Nährwerte pro Glas:
316 kcal, 1322 kJ,
16 g EW, 20 g F,
16 g KH

Birnenchutney

1 Die Birnen schälen, von den Kerngehäusen befreien und das Fruchtfleisch in Würfel schneiden. In einen Topf geben und mit dem Zitronensaft vermischen.

2 Zwiebel schälen und fein würfeln. Knoblauchzehe abziehen und hacken. Chilischote hacken.

3 Zwiebelwürfel, gehackten Knoblauch und Chilischote, Olivenöl, Rohrzucker, gemahlenen Ingwer, Zimt und Lorbeerblätter zu den Birnen in den Topf geben. Unterrühren und das Ganze erhitzen. Bei schwacher Hitze unter gelegentlichem Rühren 15 Minuten köcheln lassen.

4 Anschließend den Essig dazugeben und 10 Minuten weiterköcheln lassen. In der Zwischenzeit Mandeln oder Haselnüsse grob hacken. Fest verschließbare Gläser gründlich mit heißem Wasser und etwas Spülmittel reinigen und auf einem sauberen Küchentuch gut abtropfen lassen.

5 Nach Ende der Garzeit die Mandeln bzw. Nüsse in das Birnenchutney geben. Das Ganze noch heiß in die vorbereiteten Gläser füllen und fest verschließen. Das Chutney an einem kühlen und dunklen Ort aufbewahren.

Tipp

Das Chutney sollte ca. 1 Woche ziehen. Dann kann es als Beilage beispielsweise zu gebratenem oder gegrilltem Fleisch, kaltem Braten oder Käse serviert werden.

Für 2 Gläser à ca. 250 ml:
- 4 Birnen
- Saft von ½ Zitrone
- 1 Zwiebel
- 1 Knoblauchzehe
- 1 Thai-Chilischote
- 2 TL Olivenöl
- 150 g Rohrzucker
- 1 TL gemahlener Ingwer
- 1 Msp. Zimtpulver
- 4 Lorbeerblätter
- 120 ml Apfelessig
- 20 g Mandeln oder Haselnüsse

Zubereitungszeit:
20 Min.

Garzeit:
25 Min.

Nährwerte pro Glas:
249 kcal, 1042 kJ,
4 g EW, 7 g F, 42 g KH

Herzhaftes

Eingelegter Tofu

1 1 großes, fest verschließbares Glas mit heißem Wasser gründlich reinigen und auf einem sauberen Küchentuch gut abtropfen lassen. Den Räuchertofu in 1 cm breite Würfel schneiden und dann leicht mit Salz würzen. Die Knoblauchzehen abziehen und mit einem Messer ein wenig andrücken.

2 Chilischoten waschen, trocken tupfen und der Länge nach einritzen. Thymian, Oregano und Basilikum kalt abbrausen und trocken tupfen. Getrocknete Tomaten würfeln.

3 Knoblauch, Chilischoten, Kräuter und getrocknete Tomaten in das vorbereitete Glas geben. Das Ganze mit Salz und Pfeffer würzen. Tofuwürfel mit in das Glas geben und untermischen.

4 Das Glas mit Olivenöl auffüllen, bis Tofu und Gewürze vollständig bedeckt sind. Dann das Glas fest verschließen. Vor dem Verzehr mindestens 3 Tage im Kühlschrank durchziehen lassen.

Tipp

Den eingelegten Tofu rechtzeitig vor dem Servieren aus dem Kühlschrank nehmen, denn bei Zimmertemperatur schmeckt er am besten.

Für 1 Glas à ca. 500 ml:
200 g Räuchertofu (z. B. von Alnatura)
Salz
3 Knoblauchzehen
2 Chilischoten
5 Zweige Thymian
10 Oreganoblättchen
6 Basilikumblättchen
40 g getrocknete Tomaten
Pfeffer aus der Mühle
ca. 250 ml Olivenöl

Zubereitungszeit:
15 Min.
Ziehzeit:
3 Tage

Nährwerte pro Glas:
1220 kcal, 5104 kJ,
34 g EW, 118 g F,
9 g KH

Herzhaftes

Grünes Pesto

1 2 Gläser mit Bügelverschluss gründlich mit heißem Wasser und Spülmittel reinigen. Danach auf einem sauberen Küchenhandtuch gut trocknen lassen.

2 Pinienkerne in einer Pfanne ohne die Zugabe von Fett rösten, bis sie duften. Dabei die Pfanne häufig schwenken, damit die Pinienkerne nicht schwarz werden. Anschließend die Pfanne vom Herd nehmen.

3 Basilikum kalt abbrausen und trocken schütteln. Die Blättchen abzupfen. Knoblauch abziehen und grob hacken. Parmesan fein reiben. Pinienkerne, Basilikum und Knoblauch mit 1 Prise Salz in einen Mixer oder Mörser geben. Das Ganze fein zerkleinern.

4 Basilikummischung in eine Schüssel umfüllen. Ca. 125 ml Olivenöl portionsweise unterrühren, bis das Pesto eine cremige Konsistenz hat. Dann mit Salz abschmecken.

5 Pesto in die vorbereiteten Gläser füllen. Mit Olivenöl bedecken und die Gläser fest verschließen. Bis zum Verzehr im Kühlschrank aufbewahren.

Tipp

Im Frühling lässt sich so ganz einfach auch ein leckeres Bärlauchpesto herstellen. Ersetzen Sie einfach Basilikum durch Bärlauch.

Für 2 Gläser à ca. 150 ml:
2 EL Pinienkerne
1 großes Bd. Basilikum
3 Knoblauchzehen
50 g Parmesan
Salz
175 ml Olivenöl

Zubereitungszeit:
15 Min.

Nährwerte pro Glas:
766 kcal, 3205 kJ,
14 g EW, 78 g F,
6 g KH

Feiner Senf

1 Weiße und schwarze Senfkörner in eine Schüssel geben. Zwiebel und Knoblauch abziehen, dann beides fein würfeln.

2 Zwiebel und Knoblauch mit 125 ml Wasser in einen Topf geben. Koriander, Lorbeerblatt, Gewürznelken, Weinessig, Salz und Honig hinzufügen und den Sud aufkochen.

3 Topf vom Herd nehmen und den heißen Sud durch ein Sieb über die Senfkörner gießen. Das Ganze abdecken und 2–3 Tage quellen lassen.

4 Nach Ende der Quellzeit 2 fest verschließbare Gläser gründlich mit heißem Wasser und Spülmittel reinigen. Auf einem sauberen Küchenhandtuch gut abtropfen lassen.

5 Den Senf mit einem Stabmixer grob pürieren. In die vorbereiteten Gläser abfüllen und fest verschließen. An einem kühlen und dunklen Ort vor dem Verzehr noch ca. 1 Woche ziehen lassen.

Tipp

Setzen Sie den Gläsern bunte Häubchen aus Papier oder Stoff auf, die Sie mit farblich passenden Bändern befestigen. Der Senf ist mindestens 4 Monate haltbar und sollte im Kühlschrank aufbewahrt werden.

Für 2 Gläser à ca. 200 ml:

je 50 g weiße und schwarze Senfkörner
1 Zwiebel
1 Knoblauchzehe
1 TL Koriandersamen
1 Lorbeerblatt
2 Gewürznelken
100 ml Weinessig
1 TL Salz
2–3 EL Honig

Zubereitungszeit:
20 Min.
Quellzeit:
3 Tage
Ziehzeit:
1 Woche

Nährwerte pro Glas:
309 kcal, 1293 kJ, 27 g EW, 30 g F, 56 g KH

Herzhaftes

66 Karibische Gewürzmischung

1 Ein dekoratives, fest verschließbares Glas gründlich mit heißem Wasser und Spülmittel reinigen. Anschließend auf einem sauberen Küchenhandtuch vollständig trocknen lassen.

2 Die Pfefferschoten grob hacken. Mit getrocknetem Schnittlauch, Zwiebel- und Knoblauchgranulat, Pimentpulver sowie dem getrockneten Sellerie in eine Messermühle geben. Dann das Meersalz und den Rohrzucker hinzufügen.

3 Gewürze sehr fein zerkleinern. Dann die Gewürzmischung in das vorbereitete Glas füllen und dieses fest verschließen. An einem trockenen Ort kühl und dunkel aufbewahren.

Tipp

Diese Gewürzmischung ist besonders in Jamaika beliebt. Zum Würzen wird sie mit etwas Wasser und Öl zu einer Paste verrührt. Grill- und Räuchergut wird vor dem Garen dick damit eingestrichen. „Gejerkt" wird (fast) alles, egal ob Fleisch, Geflügel, Fisch oder Meeresfrüchte. Die Gerichte werden besonders aromatisch, wenn sie einige Stunden in der Marinade ziehen.
Verzieren Sie das Glas vor dem Verschenken „standesgemäß" mit Bastbändern und Muscheln aus dem letzten Urlaub.

Für 1 Glas à ca. 200 ml:
- 1 Handvoll scharfe getrocknete Pfefferschoten
- 1 TL getrockneter Schnittlauch
- 2 EL Zwiebelgranulat
- 1 TL Knoblauchgranulat
- ½ TL Pimentpulver
- 1–2 EL getrockneter Sellerie
- 1 EL Meersalz
- 3 EL Rohrzucker

Zubereitungszeit:
10 Min.

Nährwerte pro Glas:
151 kcal, 632 kJ,
5 g EW, 1 g F, 29 g KH

Herzhaftes

Käsetaler (Abb. S. 49)

1 Margarine mit Ei, Käse und Cremefine in eine Rührschüssel geben. Mit Salz und Paprikapulver würzen. Das Ganze mit den Knethaken des Handrührgerätes gründlich verkneten.

2 Mehl und Backpulver mischen und sieben. Zum Teig geben und rasch unterkneten. Dann den Teig in Klarsichtfolie wickeln und für ca. 1 Stunde im Kühlschrank ruhen lassen.

3 Backofen auf 200 Grad Ober- und Unterhitze (180 Grad Umluft) vorheizen. Teig auf einer bemehlten Arbeitsfläche ca. 6 mm dick ausrollen. Mit einem runden Ausstecher (6 cm Durchmesser) Kreise ausstechen.

4 Teigkreise auf ein mit Backpapier ausgelegtes Backblech legen. Mit Eigelb bestreichen und nach Belieben jeweils mit Mohn, Kümmel, Sesam, Mandeln oder Pistazien sowie grobem Salz bestreuen.

5 Käsetaler in den heißen Backofen schieben und auf der mittleren Schiene in ca. 20 Minuten goldbraun backen. Anschließend herausnehmen und auskühlen lassen.

Tipp

Schenken Sie zu diesen leckeren Käsetalern z. B. ein grünes Pesto. Beides passt wunderbar zusammen.

Für ca. 60 Stück:

Für die Taler:

- 125 g Margarine
- 1 Ei (Größe M)
- 200 g Gruyère, gerieben
- 125 ml Cremefine zum Kochen
- 1 TL Salz
- 1 TL Paprikapulver
- 250 g Weizenmehl (Type 405)
- 1 gestr. TL Backpulver
- Mehl für die Arbeitsfläche

Für den Belag:

- 1 Eigelb (Größe M), verquirlt
- Mohn
- Kümmel
- Sesam
- gehackte Mandeln oder Pistazien
- grobes Salz

Zubereitungszeit: 30 Min.

Ruhezeit: 1 Std.

Backzeit: 20 Min.

Nährwerte pro Stück: 46 kcal, 192 kJ, 2 g EW, 3 g F, 3 g KH

Aus der Flasche

Schokoladenlikör

1 Schokolade grob hacken. Mit der Schlagsahne und etwas Zucker in einen Topf geben. Erhitzen und unter Rühren langsam schmelzen. Anschließend das Ganze abkühlen lassen.

2 Wenn der Schokoladensud abgekühlt ist, Nusslikör und Cognac zugeben und gründlich unterrühren. Schokoladenlikör in eine hübsche Karaffe oder eine attraktive Flasche umfüllen.

3 Den Likör bei Zimmertemperatur oder gekühlt servieren. Vor dem Servieren den Likör unbedingt aufrühren oder kräftig schütteln.

Tipp

Der Schokoladenlikör ist mit einem stimmungsvollen Anhänger und einer schönen goldenen Schleife ein ideales Weihnachtsgeschenk. Er sollte kühl gelagert werden, dann hält er sich ca. 2 Wochen. Da schmeckt er nicht nur aus dem Glas, sondern auch als Topping z. B. über leckeres Vanilleeis.

Für 1 Flasche à ca. 1 l:
250 g Zartbitterschokolade (60 % Kakaogehalt)
500 g Schlagsahne
Zucker
50 ml Nusslikör
200 ml Cognac

Zubereitungszeit:
15 Min.

Nährwerte pro 100 ml:
332 kcal, 1389 kJ,
3 g EW, 23 g F,
15 g KH

Aus der Flasche

Zimtlikör

1 Den Saft der Orangenhälfte auspressen. Dann die Zimtstangen zusammen mit Orangensaft und braunem Zucker oder Kandiszucker in eine fest verschließbare Flasche geben.

2 Orangenmischung mit Weinbrand aufgießen. Die Flasche fest verschließen und an einen dunklen und kühlen Ort stellen. Den Ansatz ca. 1 Monat ziehen lassen.

3 Nach Ende der Ziehzeit ein Sieb mit einem sauberen Mulltuch auslegen. Den Zimtlikör dadurch filtern, zum Schluss in eine dekorative Flasche füllen und fest verschließen.

Tipp

Es ist immer schön, edle Tropfen in einer attraktiven Karaffe zu verschenken. Beim Transport sollten Sie dann aber besonders vorsichtig sein, da Karaffen nicht so gut schließen wie andere Flaschen.
Zimt stammt übrigens ursprünglich aus Sri Lanka und wurde bereits von den alten Ägyptern und Römern verwendet.

Für 1 Flasche à ca. 800 ml:
- ½ Orange
- 7 Zimtstangen (z. B. Ceylon Canehl von Fuchs)
- 125 g brauner Zucker oder Kandiszucker
- 700 ml Weinbrand

Zubereitungszeit:
15 Min.
Ziehzeit:
1 Monat

Nährwerte pro 100 ml:
273 kcal, 1142 kJ,
0 g EW, 0 g F, 18 g KH

Aus der Flasche

Johannisbeersirup

1 Beeren abbrausen und von den Rispen zupfen. Mit 300 ml Wasser in einen Topf geben und zugedeckt aufkochen lassen. 20 Minuten leise köcheln lassen, dabei ab und zu umrühren.

2 Ein Sieb mit einem sauberen Küchentuch auslegen. Beeren hineingeben und Saft auffangen. Ca. 4 Stunden gut abtropfen lassen. Beeren nicht ausdrücken, da der Sirup sonst trüb wird.

3 2 fest verschließbare Bügelflaschen gründlich reinigen und gut trocknen lassen. Den abgelaufenen Johannisbeersaft in einen Topf geben. Mit dem Zucker vermengen und das Ganze dann offen kräftig aufkochen. Kurz kochen lassen.

4 Den Johannisbeersirup heiß in die vorbereiteten Flaschen füllen. Fest verschließen und dunkel und trocken lagern.

Tipp

Den Sirup können Sie auch mit etwas Vanille aromatisieren; dafür entweder 1 Päckchen Vanillezucker mit dem anderen Zucker zugeben oder den Beeren das Mark von ½ Vanilleschote zugeben. Wie diesen Johannisbeersirup können Sie auch andere Sirupe herstellen. Versuchen Sie es doch auch mal mit Himbeeren oder Brombeeren. Und natürlich können auch tiefgekühlte Beeren verwendet werden.

Für 2 Flaschen à ca. 750 ml:
1 kg Rote Johannisbeeren
500 g Zucker

Zubereitungszeit:
20 Min.
Gar- und Abtropfzeit:
20 Min. + 4 Std.

Nährwerte pro 100 ml:
41 kcal, 172 kJ,
1 g EW, 0 g F, 10 g KH

Aus der Flasche

Salbei-Knoblauch-Öl

1 Eine Flasche gründlich mit heißem Wasser und etwas Spülmittel reinigen. Anschließend vollständig trocknen lassen.

2 Den ungeschälten Knoblauch kalt waschen und mit Küchenpapier gründlich trocken tupfen. An einer Längsseite mit einem spitzen Messer einritzen. Salbeiblätter kalt abbrausen und mit Küchenpapier ebenfalls gut trocken tupfen.

3 Salbei und Knoblauch in die vorbereitete Flasche geben. Das Ganze mit Olivenöl auffüllen und fest verschließen. Die Flasche 4–5 Tage an einem kühlen und dunklen Ort ziehen lassen.

Tipp

Das Salbei-Knoblauch-Öl sollte nach dem Öffnen innerhalb von 2 Wochen verbraucht und im Kühlschrank gelagert werden.

Für 1 Flasche à ca. 550 ml:
6 Knoblauchzehen
12 Salbeiblätter
500 ml hochwertiges Olivenöl

Zubereitungszeit:
10 Min.
Ziehzeit:
5 Tage

Nährwerte pro 100 ml:
878 kcal, 3674 kJ,
0 g EW, 99 g F, 0 g KH

Aus der Flasche

Steinpilz-Chili-Öl

1 Eine hübsche helle Schmuckflasche gründlich mit heißem Wasser und Spülmittel reinigen. Anschließend gut trocknen lassen.

2 Steinpilze und Chilischoten in die trockene Flasche geben. Das Ganze mit dem Speiseöl auffüllen und fest verschließen. Das Steinpilz-Chili-Öl 2–3 Wochen ziehen lassen.

3 Während der Ziehzeit werden die hochwertigen geschmacksgebenden Bestandteile von Pilzen und Chili im Öl gelöst. Nach Ende der Ziehzeit und kurz vor dem Verschenken den Rosmarinzweig mit in die Flasche geben.

Tipp

Verzieren Sie die Flasche mit einer Schleife und einem hübschen Schild, auf dem der Name des Öls steht. Auch gibt es attraktive Flaschen, die ein wiederbeschreibbares schwarzes Feld besitzen. So kann der Beschenkte die Flasche immer wieder verwenden und weiß, was er darin abgefüllt hat.

Für 1 Flasche à ca. 200 ml:

- 2 g getrocknete Steinpilze (z. B. von Ostmann)
- 8 getrocknete Chilischoten
- 180 ml hochwertiges Speiseöl (z. B. Olivenöl)
- 1 Zweig frischer Rosmarin

Zubereitungszeit:
5 Min.

Ziehzeit:
3 Wochen

Nährwerte pro 100 ml:
798 kcal, 3339 kJ,
0 g EW, 90 g F, 1 g KH

Aus der Flasche

Register

Bildnachweis

Almond Board of California: 21; Alnatura: 11, 19, 29, 33, 57, 61; California Walnut Commission: 13; Cranberry Marketing Committee: 7; Fuchs Gewürze: 37, 73; IHR – Ideal Home Range: 4, 5 (Hinterlegung), 9, 10 rechts; Köllnflocken: 23; Ostmann Gewürze: 69, 79; Photo-cuisine: 27, 31, 35, 39, 41, 45, 47, 51, 53, 59, 63, 75, 77; pixelio.de: gänseblümchen 5, Angelina Ströbel 6 oben und 7 (Hinterlegung), Simone Heinz 6 unten, BirgittH 10 links; Rama: 25, 49; Sanella: 15; StockFood: 17, 55, 65, 67, 71; SweetFamily: 8, 9 (Hinterlegung), 43